Un merci tout spécial pour Lemisse et Florence pour les traductions et leurs conseils avisés, Olivia et Hugues pour certaines mises en couleurs, ainsi qu'à tous ceux de l'équipe d'*I love English for kids* qui croisent ou qui ont croisé mon chemin : Frédéric, Elena, Luce, Françoise, Martin, Pierre, Aurélie, Odile, Sophie, Aymeric et beaucoup d'autres... qui m'ont aidée à faire grandir Kevin et Kate.

Accédez au lien audio des épisodes de ce tome.
CD n°102 à 110, 112 à 120 et 122 à 127

Maquette : David Alazraki

18 rue Barbès, 92120 Montrouge
ISBN : 978-2-7470-8587-8
Dépôt légal : octobre 2017
Loi 49-956 du 16 juillet 1949 sur les publications destinées à la jeunesse

Imprimé en France chez Pollina en septembre 2019 - 90973C

www.bd-kids.com

Sandrine Lemoult

KEVIN and KATE

Let's go !

BD KIDS

KEVIN and KATE

Kevin goes to school

Kevin va à l'école

Oh no! I'm in Mister Graham's class again!

Oh non ! Je suis encore dans la classe de M. Graham !

I'm next to Bart. He sucks his thumb.
Give me your rubber!
Yuck!

Je suis à côté de Bart. Il suce son pouce. - Donne-moi ta gomme. - Beurk !

And I hate my pencil case! It's for girls!
Ha ha ha!
Ha ha ha ha!

Et je déteste ma trousse ! C'est pour les filles !

Marcus is behind me. He's horrible.
Kevin, you're a girl!
Ouch!

Marcus est derrière moi. Il est méchant. - Kevin, t'es qu'une fille ! - Aïe !

Kevin! Stop that!
Ooops.

- Kevin, arrête ça !

Liz is in front of me ...
She's the teacher's pet.

Liz est devant moi. C'est la chouchoute du maître.

Mister Graham!
Kevin is passing notes to Barbara!
Sh!
SccRR!

- Monsieur Graham ! Kevin passe des petits mots à Barbara !

Go to the blackboard, Kevin!
HA HA HA!
HA HA HAHA!

?!
?!
C
A
B
567
x18
1289
754
HA
HA
HA! HA! HA
HA
HA!

- Va au tableau, Kevin.

Go and wash your face, Kevin.
HA! HA! HA HA

- Va te laver la figure, Kevin.

RRiiiNNG!
Oh, exellent! It's playtime.

- Chouette ! C'est la récré.

IN THE PLAYGROUND.
Ha ha! Look at your trousers Kevin!
HA HA!
HA!
HA
HA
HA
HA
HA

Dans la cour de récré. - Hé hé ! Regarde ton pantalon Kevin !

KEVIN and KATE

Bruce the hamster

Bruce le hamster

I want to take my hamster on holiday!
No, he can stay with me!
Hurry up, Kevin!
I love your hamster.

– Je veux emmener mon hamster en vacances ! – Non, il peut rester avec moi ! – Dépêche-toi, Kevin ! – J'aime ton hamster.

LATER
?!
Kevin's hamster is sad. He sleeps all day.
Hum?

Plus tard – Le hamster de Kevin est triste. Il dort toute la journée. – Euh ?

Once upon a time ...
He doesn't like this story.
Poor hamster!

– Il était une fois… – Il n'aime pas cette histoire. – Pauvre hamster !

He's sad. He needs a friend.

– Il est triste. Il lui faut un copain.

Hum ...?
I know. I've got an idea.

– Hum ...? – Je sais. J'ai une idée.

Don't worry, Bruce. Granny has an idea ...

– Ne t'inquiète pas, Bruce. Mamie a une idée...

Bruce, this is Lilly, your new friend.
!
!

– Bruce, voici Lilly, ta nouvelle copine.

He he! Bruce is happy!

– Hé hé ! Bruce est heureux !

LATER
Hello Granny! Hello Bruce!
Woof

Plus tard – Bonjour Mamie ! Bonjour Bruce !

Hello, Kevin. This is Bruce's new friend, Lilly. Bruce and Lilly have 25 babies!

– Bonjour Kevin. Voici Lilly, la nouvelle copine de Bruce. Bruce et Lilly ont 25 bébés !

KEVIN and KATE Halloween ghosts

Les fantômes d'Halloween

Psst, Kevin!
Hum!
Z Z Z
Kevin, wake up! I'm scared!

– Psst, Kevin !

– Kevin, réveille-toi ! J'ai peur !

Kate?
There's a monster in my bedroom!
Kate, monsters don't exist!
!
Come and see.
The monster is under my bed.
Yawn.

– Kate ? – Il y a un monstre dans ma chambre !

– Kate, les monstres n'existent pas ! – Viens voir.

– Le monstre est sous mon lit. – Ouaah !

There's no monster under your bed!
BOO BOO!
Aagh! What's that noise?
?

– Il n'y a pas de monstre sous ton lit.

– Ah ! Qu'est-ce que c'est que ce bruit ?

I'm scared.
Hmm. I've got an idea.

– J'ai peur. – Hmm. J'ai une idée.

It's ghosts.
Boo Boo
Boo Boo
Ghosts?

– Ce sont des fantômes. – Des fantômes ?

Yes, ghosts. It's Halloween tomorrow.
Oh.

– Oui, des fantômes. C'est Halloween demain. – Oh…

You can wear a ghost costume too.
Yes! Excellent.

– Tu peux mettre un déguisement de fantôme aussi. – Oui ! Super.

Are you scared now?
No, I'm not scared.

– Tu as peur maintenant ?
– Non, je n'ai pas peur.

BOO BOO!

BOO BOO!

KEVIN and KATE Christmas with the Zombies

Noël avec les zombies

TEDDY MEETS FATHER CHRISTMAS
CHRISTMAS WITH THE ZOMBIES
ADULTS ONLY
WOW! I want to see that film!
I don't want to see a film for babies.
I've got an idea!

– Waouh ! Je veux voir ce film !

– Je ne veux pas voir un film pour bébés !
– J'ai une idée.

TOILETS
You can sit on my shoulders.
On your shoulders?
TOILETS
Are you OK?
Yes.
But that's Dad's Christmas present!
Yes. Put it on.

– Tu peux t'asseoir sur mes épaules.
– Sur tes épaules ?

– Ça va ? *– Oui.*

– Mais c'est le cadeau de Noël de papa !
– Oui. Mets-le.

Excellent! Now I'm an adult!
Hee! Hee!
That's the queue for "Christmas with the Zombies".

– Génial ! Maintenant je suis une grande ! – Hé ! Hé !

– C'est la queue pour "Noël avec les zombies".

Oops! Be careful, Kevin!
Shhh. It's our turn.
One ticket for "Christmas with the Zombies", please.
Teddy meets Father Christmas

–Oups ! Attention Kevin ! *– Chut. C'est notre tour.* *– Une place pour "Noël avec les zombies", s'il vous plaît.*

Here is your ticket.
Excellent! It worked! Hee! Hee!
Thank you.
!
Give me the ticket!
Teddy meets Father Christmas
What?!

– Voici votre place. *– Super ! Ça a marché ! Hé ! hé !* *– Merci.* *– Donne-moi la place.* *– Quoi ?*

?
?
?
CRASH!
OOPS!
Two tickets for "Teddy meets Father Christmas".
Teddy meets Father Christmas
Thanks.

– Deux places pour "Teddy rencontre le Père Noël". *– Merci.*

KEVIN and KATE

Kevin's nightmare

Le cauchemar de Kevin

Oh, look!
A bag of sweets!

– Oh, regarde ! *– Un sac de bonbons !*

Hop! hop!
I'll keep the sweets …
… in my bedroom.
Hee! hee!

– Je vais garder les bonbons… *– … dans ma chambre.*

Oh, look! It's Kevin!
He's very handsome!
I love his brown eyes!

– Oh, regarde ! C'est Kevin ! *– Il est très beau !* *– J'adore ses yeux marrons !*

And his small ears.

– Et ses petites oreilles.

And his little feet. They're cute!

– Et ses petits pieds. Ils sont mignons !

Oh, he's got a tail.

– Oh, il a une queue.

And lovely whiskers!

– Et de jolies moustaches !

Do you want a NUT?
AAAH!

– Veux-tu une noisette ?

It's a nightmare!

– C'est un cauchemar !

I'm not a SQUIRREL!

– Je ne suis pas un ÉCUREUIL !

babies
bébés

bed
lit

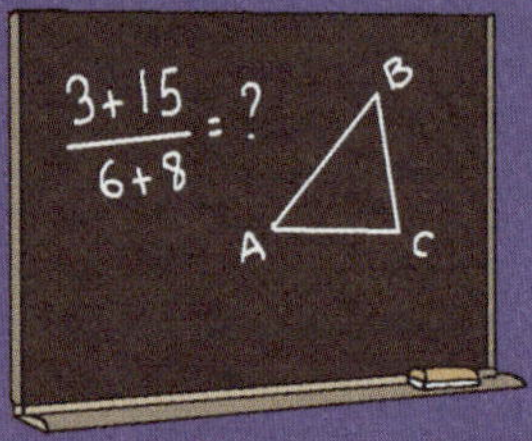

blackboard
tableau noir

ghost
fantôme

granny
grand-mère

happy
heureux

monster
monstre

nuts
noix

pencil case
trousse

present
cadeau

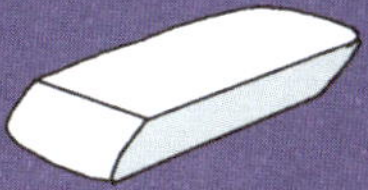

rubber
gomme

sad
triste

shoulders
épaules

squirrel
écureuil

sweets
sucreries

teacher
professeur

to be scared
avoir peur

to sleep
dormir

KEVIN and KATE Kevin goes skiing

Kevin fait du ski

Hey, Kevin!
That's Bruce,
your hamster!
Shh.
Poor Bruce.
He's very
cold!

– Hé, Kevin ! C'est Bruce, ton hamster !

– Pauvre Bruce. Il a très froid !

Hey, Kevin!
Let's have
a race!
Oh, no!
It's Marcus!
I hate him!
Quick, Bruce!
Hide!
No, Bruce!
Go in
my pocket!
Squeak!

– Hé, Kevin ! Faisons une course !

– Oh, non ! C'est Marcus ! Je le déteste !

– Vite, Bruce ! Cache-toi !

– Non, Bruce ! Va dans ma poche !

So, Kevin?
Are you ready
to ski?
OUCH!
You're going
to lose!
He he!

– Alors, Kevin ? Tu es prêt à skier ?

– Aïe !

– Tu vas perdre ! Hé hé !

Stop it, Bruce! It tickles!
He he! Kevin, you're last!

– *Arrête, Bruce ! Ça pique !* – *Hé hé ! Kevin, tu es le dernier !*

Bravo! Well done.
Hurray! I'm the first.
!?!
AAGH!
?

– *Bravo ! Bien joué.* – *Hourra ! Je suis le premier.*

!
Bravo!
Wow, Kevin! You're the champion.
Kevin! You're the best!
Bruce! You're the real champion!
Squeak!

– *Waouh, Kevin ! Tu es le champion.* – *Kevin ! Tu es le meilleur !* – *Bruce ! Tu es le vrai champion !*

KEVIN and KATE

Kevin and Kate watch TV

Kevin et Kate regardent la télé

I love cartoons!
Give me the remote control. I want to watch the football match.
Stop it, Kevin. I'm watching cartoons!

– J'adore les dessins animés ! – Donne-moi la télécommande. Je veux voir le match de foot. *Arrête, Kevin. Je regarde les dessins animés !*

Give me the remote control. I'm older than you!
NO!
Woof!
WOOF!
OOPS!
Oh, no!

– Donne-moi la télécommande. Je suis plus âgé que toi !

NO, HURRICANE!
Hurricane! Give me the remote control!
Come back, Hurricane!
Woof! Woof!

– Hurricane ! Donne-moi la télécommande ! – Reviens Hurricane !

I want to watch the football!
Kevin! Hurricane is outside!
Hurricane! Where are you?
Stupid dog!

– Je veux regarder le match de foot ! *– Kevin ! Hurricane est dehors !* *– Hurricane ! Où es-tu ?* *– Idiot de chien !*

Look! There's Hurricane!
Woof!
That's not the remote control!
Woof!
That's a BONE!

– Regarde ! Hurricane est là ! *– Ce n'est pas la télécommande !* *– C'est un OS !*

Where's the remote control?
Woof!
!
Kevin, if you want the remote control you have to dig! Stupid!

– Où est la télécommande ? *– Kevin, si tu veux la télécommande tu dois creuser ! Idiot !*

KEVIN and KATE

Kevin at the swimming pool

Kevin à la piscine

Hi Lucy!
Hi Barbara!
Hi Kevin! Quick, come and swim with us!

– Salut Lucy ! Salut Barbara !

– Salut Kevin ! Vite, viens nager avec nous !

STOP! No running by the swimming pool!
It's dangerous to run!
WOW! The lifesaver is so cute!

– Arrête ! Défense de courir au bord de la piscine !

– C'est dangereux de courir !

– Waouh ! Le maître nageur est trop mignon !

Look at my muscles, girls!
He is very strong!
I'm very strong, too!
No, Kevin, you're very funny!
They're laughing at me!
Oops, Kevin is not very happy!
Ha ha ha!

– Regardez mes muscles, les filles ! – Il est très fort !

– Je suis très fort aussi !

– Non, Kevin, tu es très drôle !

– Elles se moquent de moi !

– Oups, Kevin n'est pas content !

I'm not funny!
I'll show them!
He's going to jump!
Oh, no! Look! It's Kevin!

– Je ne suis pas drôle !

– Je vais leur montrer !

– Il va sauter ! – Oh, non ! Regarde ! C'est Kevin !

Ooops! It's very high!
I have to jump now!
Be careful, Kevin!
BOING
Oh, no! KEVIN!

– Oups ! C'est très haut !

– Je dois sauter maintenant !
– Attention, Kevin !

– Oh, non ! KEVIN !

SPLASH!
Kevin!
See, girls. I'm very strong!
No, Kevin! You're very funny!
A real clown!

– Kevin !
– Vous voyez, les filles. Je suis très fort !

– Non, Kevin. Tu es très drôle !

– Un vrai clown !

KEVIN and KATE — The water pistols

Les pistolets à eau

Ha ha!
Do you want to have a bath?
Ha ha ha!
Ssh Lucy! Are you ready?
Here's the soap.

– *Tu veux prendre un bain ?* – *Chut Lucy ! Tu es prête ?* – *Voici le savon.*

ATTACK!
PSH PSH
Aaah!
Ha ha ha! Kate's running away!
PSH
HELP!

– *Feu !* – *Ha ha ha ! Kate s'enfuit !* – *Au secours !*

Do you need a shower, Kate?
PSH
PSH
PSH
PSH
Stop it, Kevin!
I'm all wet!

– *Tu as besoin d'une douche, Kate ?* – *Arrête Kevin !* – *Je suis toute mouillée !*

Ha ha ha!
Ha ha ha!
PSH
PSH
Hmm. I want a water pistol too!
Aha! This is better than a water pistol!

– Hmm… Je veux un pistolet à eau moi aussi !

– C'est mieux qu'un pistolet à eau !

?
?
Ha ha! I can play too!
Our water pistols are empty!
OH NO!
PSHT
PSHT
Unlucky!

– Ha ha ! Je peux jouer moi aussi !

– Nos pistolets à eau sont vides !

– Pas de chance !

OOOPS!
Quick Kevin! Catch!
Ha ha ha!
SPLAT!
So Kate. Do you prefer the bath or the shower?

– Vite Kevin ! Attrape !

– Alors Kate.
Tu préfères le bain ou la douche ?

KEVIN and KATE The art lesson

Le cours de peinture

I hate art lessons!
Art lessons are fun!
Lucy is good at art.
Today you must paint ...

– Je déteste les cours de peinture ! – Les cours de peinture sont amusants ! – Lucy est bonne en peinture. – Aujourd'hui, vous devez peindre…

... a vase, flowers, a book ...
... and some fruit.
OK, Mr Graham.

–… un vase, des fleurs, un livre… – … et des fruits. – OK, M. Graham.

Take a pencil ...
And a rubber.
... and draw what you see.
Draw what I see?

– Prenez un crayon… – Et une gomme. – … et dessinez ce que vous voyez. – Dessiner ce que je vois ?

I see a blue vase ...
I see flowers.
I see a book.
I see a pear.

– *Je vois un vase bleu…* – *Je vois des fleurs.* – *Je vois un livre.* – *Je vois une poire.*

I see an apple ...
... and a banana.
Bananas are difficult to draw.
Here's my rubber ...
I'm hungry. Bananas are delicious!

– *Je vois une pomme… et une banane.* – *Les bananes sont difficiles à dessiner.* – *Voici ma gomme…* – *J'ai faim. Les bananes sont délicieuses !*

I want to eat the banana.
Lucy. You must draw the banana!
There's no banana, Mr Graham!
Delicious! Ha ha ha!

– *Je veux manger la banane.* – *Lucy, tu dois dessiner la banane !* – *Il n'y a pas de banane, M. Graham !* – *Délicieux ! Ha ha ha !*

apple
pomme

bath
bain

bone
os

book
livre

cartoons
dessins animés

cold
froid

first/last
premier/dernier

lifesaver
maître nageur

paint
peinture

pear
poire

race
course

remote control
télécommande

shower
douche

strong
fort

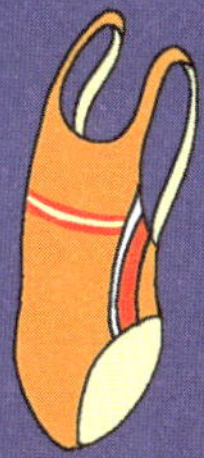

swimsuit
maillot de bain

to dive
plonger

to swim
nager

to watch TV
regarder la télévision

KEVIN and KATE The football match

Le match de foot

Look! It's Kevin. He's playing football.
Hello Kevin!
Hello Lucy! Hello Barbara! Look at me. I'm the best!
Watch out, Kevin!
PAF!
OUCH!

– Regarde ! C'est Kevin. Il joue au foot. – Bonjour Kevin ! – Bonjour Lucy ! Bonjour Barbara ! Regardez-moi. Je suis le meilleur ! – Attention, Kevin !

Look, Barbara! Kevin's got the ball.
Pass me the ball, Kevin!
Pass it to ME!
Look at me, girls. I'm the best!
Hey!

– Regarde, Barbara ! Kevin a la balle. – Passe-moi la balle, Kevin ! – Passe-la MOI ! – Regardez-moi les filles. Je suis le meilleur !

Kevin! What are you doing?
Ha ha!
You can't stop me! Ha ha ha!
!?

– Kevin ! Qu'est-ce que tu fais ? – Vous ne pouvez pas m'arrêter ! Ha ha ha !

Kevin, over here!
KEVIN!
No, Kevin! STOP!
OH, NO!

– Kevin, ici ! – Non, Kevin ! Arrête ! – Oh, non !

GOAL!
Yippee! I scored a goal. I scored a goal! I'm the best!
Well done!
I'm the best!

– BUT !

– Youpi ! J'ai marqué un but ! Je suis le meilleur !

– Bien joué ! – Je suis le meilleur !

The best? You scored a goal for the OTHER team!
You scored a goal for THEIR team. Stupid!
Oh, no!
Oops!
Ha ha! You're the best! You make us laugh!
Ha ha ha!

– Le meilleur ? Tu as marqué un but pour l'AUTRE équipe !

– Tu as marqué un but pour LEUR équipe. Idiot !

– Ha ha ! Tu es le meilleur ! Tu nous fais rire !

KEVIN and KATE Halloween pumpkins

Les citrouilles d'Halloween

Here are some pumpkins for Halloween.
Yippee!
Thanks Grandma!
Let's make Jack o'lanterns!
Yes! Good idea!

– Voici quelques citrouilles pour Halloween. – Youpi ! – Merci Mamie ! – Faisons des citrouilles-lanternes ! – Oui ! Bonne idée !

Grandma, can you help us?
Yes, Kate.
First, cut the top ...
... with a knife.

– Mamie, tu peux nous aider ? – Oui, Kate. – D'abord, on coupe le haut… – … avec un couteau.

Take out the pumpkin seeds.
It's horrible!
Yuck!
Empty the pumpkin with a spoon.
It's very difficult!

– Enlevez les graines de citrouille. – C'est dégoûtant ! – Beurk ! – Videz la citrouille avec une cuillère. – C'est très difficile !

I can make pumpkin soup.
YUMMY!
Now cut the eyes.
And the mouth.

– Je peux faire de la soupe de citrouille.
– Miam !
– Maintenant découpez les yeux.
– Et la bouche.

HEE HEE! They're scary!
Let's put a candle inside.
Your Jack o'lanterns are excellent!
Yes!

– Hé hé, elles sont effrayantes ! – Mettons une bougie dedans. – Vos citrouilles-lanternes sont géniales ! – Oui !

AAAH!
?
It's moving!
Grandma, I'm scared.
KRKR
HELP! HELP!
SQUEAK! SQUEAK!
It's Bruce the hamster.

– Aaaah ! – Ça bouge ! – Mamie, j'ai peur. – Au secours ! Au secours ! – C'est Bruce le hamster.

KEVIN and KATE

The Christmas presents

Les cadeaux de Noël

Excellent, everyone is asleep!
ZZZZ
Good!
Are you ready Hurricane?

– Parfait, tout le monde dort ! *– Bien !* *– Tu es prêt, Hurricane ?*

Of course! I'm ready.
You are a perfect Reindeer.
You are a very small Father Christmas!
Come on!
Are you ready Bruce?
Yes! Yes! Yes!

– Bien sûr ! Je suis prêt. – Tu es un renne parfait. *– Tu es un tout petit Père Noël ! – Allons-y !* *– Tu es prêt, Bruce ? – Oui !*

Light up your nose!
BiNG!
Let's go!

– Allume ton nez ! *– Allons-y !*

Wow!
The Christmas tree is beautiful!

– Waouh ! L'arbre de Noël est magnifique !

WOW!
Look at the Christmas decorations!

Let's prepare the presents…
… for the family.

– Waouh !   – Regarde les décorations de Noël !   – Préparons les cadeaux…   … pour la famille.

THE NEXT DAY.
Kevin, Kate. Look at your presents.
WOOF!
I've got some bones!
I've got hamster food. Yuck!

Le lendemain.
– Kevin, Kate. Regardez vos cadeaux.   – J'ai des os !   – J'ai de la nourriture pour hamster. Beurk !

KEVIN and KATE **A day at Buckingham Palace**

Une journée à Buckingham Palace

Great!
It's Buckingham Palace!
Kevin! Kate!
Wait for us!

– Génial ! Voici Buckingham Palace !
– Kevin ! Kate ! Attendez-nous !

Look at the guard, Kevin!
He's very serious!

– Regarde le garde, Kevin ! *Il est très sérieux !*

Let's make him laugh.
Good idea!

– Faisons-le rire.
– Bonne idée !

Kevin!
You're so funny!
Ha ha ha.
BLLBLBL

– Kevin ! Tu es si drôle ! Ha ha ha.

Me, me!
I want
to try.
Kate.
He's not
laughing.

– À moi, à moi ! Je veux essayer.
– Kate. Il ne rit pas.

I've got an idea.
Bruce the hamster
can tickle him!
Ha ha
ha!
SQUEAK

– J'ai une idée. Bruce le hamster peut le chatouiller !

Kevin! What are you doing?
Oops! It's Dad!
SQUEAK!
Oh, no! Bruce has escaped. Come back Bruce!
Oh no!
SQUEAK!
Bruce, Bruce! Come back!
SQUEAK!

– Kevin ! Que fais-tu ? – Oups ! C'est papa !

– Oh non ! Bruce s'est échappé ! Reviens Bruce !
– Oh non !

– Bruce, Bruce, reviens !

Bruce! Where are you?
Bruce!
Bruce!
We've lost our hamster!
Bruce!
A hamster? Come with me, children.
Oh oh!

– Bruce, où es-tu ?

– Nous avons perdu notre hamster !

– Un hamster ? Venez avec moi, les enfants.

Hello children. Is this your hamster?
He's very hungry! Ha ha ha!
CRUNCH CRUNCH
Oh, no! Bruce!
Kevin! It's the QUEEN!

– Kevin ! c'est la REINE !

– Bonjour les enfants. Est-ce votre hamster ?
– Oh non ! Bruce !

– Il a très faim ! Ha ha ha !

KEVIN and KATE

The abominable snowman

L'abominable bonhomme de neige

Brrr!
It's very cold today!

– Brrr ! Il fait très froid aujourd'hui !

Poor little bird. Are you hungry?

– Pauvre petit oiseau. As-tu faim ?

Here's some food.
?
CHEEP
CHEEP
CHEEP
BIRD FOOD

– Voici de la nourriture.

Lucy, look at Kate!
Ha ha.

– Lucy, regarde Kate !

She's talking to the birds.
I've got an idea.

– Elle parle aux oiseaux ! *– J'ai une idée.*

Kevin, what are you doing?
Help me, Lucy.

– Kevin, que fais-tu ? *– Aide-moi, Lucy.*

Booo!
I'm the abominable snowman.
Grrr!
Ha ha.
Good idea!

– Bouh ! Je suis l'abominable bonhomme de neige.
– Ha ha. Bonne idée !

Help, Kate!
I'm scared!
Grr
Grrr!
What?!
BIRD FOOD

– Au secours, Kate ! J'ai peur !
– Quoi ?!

Grrrr
Ah!
Ah!
Ah!
BIRD FOOD
Aargh!
A yeti.

– Argh ! Un yéti.

Here,
take that!
Woof
woof.
BIRD FOOD
?

– Tiens, prends ça !

Oh, no!
Bird food.
CHEEP
CHEEP
CHEEP

– Oh non ! De la nourriture pour oiseau.

Help! The birds want to eat me!
Ha ha
ha,
Kevin!
CHEEP
CHEEP
CHEEP
Woof.
BIRD FOOD

– Ha ha ha, Kevin !

– Ouaf !

– Au-secours ! Les oiseaux veulent me manger !

to be asleep
être endormi

Christmas tree
arbre de Noël

birds
oiseaux

dad
papa

candle
bougie

football
football

children
enfants

girls
les filles

goal
but

guard
guarde

knife
couteau

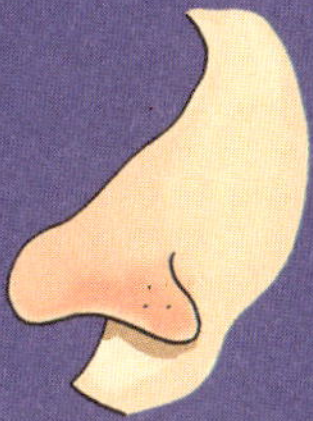

nose
nez

pumpkin
citrouille

queen
reine

snowman
bonhomme de neige

spoon
cuillère

KEVIN and KATE What's for dinner?

Qu'est-ce qu'il y a pour le dîner ?

Kevin! Kate! Dinner's ready!
I'm hungry.
Mmm. What's for dinner?
Spinach soup.
I hate spinach.

– Kevin ! Kate ! Le dîner est prêt ! – J'ai faim. – Miam. Qu'est-ce qu'il y a pour le dîner ?

– De la soupe d'épinards. – Je déteste les épinards.

Mmm. It's delicious.
Yuck!
Kevin, eat your dinner.
Huh?
Eat me.
I feel sick.

– Miam. C'est délicieux. – Beurk !

– Kevin, mange ton dîner. – Mange-moi.

– Je me sens malade.

I've got a headache.
Oh, poor Kevin.
Have you got a fever?
I don't know.
I've got a sore throat.

– J'ai mal à la tête.
– Oh, pauvre Kevin.

– Tu as de la fièvre ? – Je ne sais pas.

– J'ai mal à la gorge.

Poor Kevin.
I feel sick.
Yuck!
Look. I've got a cough.
COUGH! COUGH!
Kevin, use a handkerchief!

– Pauvre Kevin. – Je me sens malade. – Beurk ! – Regarde. Je tousse. – Kevin, prends un mouchoir !

Kevin, you're ill. Go to bed.
Poor Kevin.
Yes. Go to bed.
Kate, there's chocolate cake for dessert.
Huh?

– Kevin, tu es malade. Va au lit. – Pauvre Kevin. – Oui, va au lit. – Kate, il y a du gâteau au chocolat pour le dessert.

Not for you, Kevin.
GASP!
Kevin. What are you doing?
YUM YUM
I'm better now.
Here's some cake, Kevin.

– Pas pour toi, Kevin. – Glups ! – Kevin, que fais-tu ? – Je vais mieux maintenant. – Voici du gâteau, Kevin.

KEVIN and KATE

A day in the park

Une journée au parc

Great!
I'm going to see Barbara today!
Hello Barbara!
Hello Kevin! Come on!

– Génial ! Je vais voir Barbara aujourd'hui !

– Salut Barbara !

– Salut Kevin ! Viens !

Here are some boots and gloves.
Why?
To clean the park! It's fun!
Oh, no!

– Voici des bottes et des gants.
– Pourquoi faire ?

– Pour nettoyer le parc ! C'est marrant !
– Oh non !

Here's a blue bag for cans.
Yuck! A dirty can!
This bag is for paper.

– Voici un sac bleu pour les boîtes de conserve.

– Beurk ! Une boîte sale !

– Ce sac est pour le papier.

Put the plastic bottles in a yellow bag.
Watch out, Barbara! There's some glass!
?
CRÔA
Yes. Put the glass in a green bag.

– Mets les bouteilles en plastique dans un sac jaune. – Attention, Barbara ! Il y a du verre ! – Oui. Mets le verre dans un sac vert.

See it's good to recycle.
Yes. The park is clean now.
Oh, no! The bags are moving!

– Tu vois, c'est bien de recycler. – Oui. Le parc est propre maintenant. – Oh non ! Les sacs bougent !

It's the frogs!
Oh, no we have to empty the bags.
I'm tired now.
Yes. But it's good to recycle!

– Ce sont les grenouilles ! – Oh non, nous devons vider les sacs. – Je suis fatigué maintenant. – Oui, mais c'est bien de recycler !

KEVIN and KATE

Kevin's birthday party

La fête d'anniversaire de Kevin

Marcus! I've found you!
Oh no!

– Marcus ! Je t'ai trouvé !

Let's hide under the table!
Woof!
Come on children!
Look. It's Kevin's birthday cake.
Come and eat the cake!
Yummy!

– Cachons-nous sous la table !

– Venez, les enfants !

– Regarde. C'est le gâteau d'anniversaire de Kevin.

– Miam. – Venez manger le gâteau !

I love chocolate cake!
Woof!
Hurray! Birthday cake!
Here's some orange juice.
I want some!

– J'aime le gâteau au chocolat !

– Hourra ! Le gâteau d'anniversaire !

– Voici du jus d'orange.

– J'en veux !

Let's put some candles on your cake, Kevin.
Look! Kevin!
Where's your birthday cake?
Haha. The cake is hiding!
Oh, no! My cake!
Oh.

– Mettons des bougies sur ton gâteau, Kevin.
– Regarde ! Kevin !

– Où est ton gâteau ?
– Ha ha. Le gâteau se cache !

– Oh, non ! Mon gâteau !

Hmm. That's strange. Where's Kate?
I don't know.
Yummy!
Kate! You've eaten ALL the cake!
Oops!
Kate! That was MY birthday cake!
Sorry, Kevin.

– Hmm. C'est étrange. Où est Kate ?
– Je ne sais pas. – Miam !

– Kate ! Tu as mangé TOUT le gâteau !

– Kate ! C'était MON gâteau d'anniversaire !
– Pardon, Kevin.

Don't worry, Kevin. There's more cake in the kitchen.
Everybody smile!
HAPPY BIRTHDAY KEVIN.

– Ne t'inquiète pas, Kevin. Il y a encore du gâteau dans la cuisine.

– Souriez, les enfants !

– JOYEUX ANNIVERSAIRE KEVIN !

KEVIN and KATE It's back to school!

C'est la rentrée !

OK children.
Write a story about your summer holidays.
Hmmm.
My summer holidays ...
I know!
I saw my cousin Robin.

– D'accord les enfants. Écrivez une histoire sur vos vacances d'été. *– Hmm… Mes vacances d'été…* *– Je sais ! J'ai vu mon cousin Robin.*

Hey, Robin! Do you want to play football?
Huh?
BiP
BiP BiP
Do you want to go cycling?
Come on, Robin!
Huh?
Do you want to play pirates?

– Hé, Robin ! Tu veux jouer au foot ?
– Hein ?

– Tu veux faire du vélo ?
– Allez, Robin !
– Hein ?

– Tu veux jouer aux pirates ?

Hey, Robin! Do you want to go swimming?
It's fun!
Do you want to draw?
Do you want to play cars?

– Hé, Robin ! Tu veux aller nager ? *– C'est amusant !* *– Tu veux dessiner ?* *– Tu veux jouer aux voitures ?*

Hey, Robin!
Do you want to play guitar?
Huh?
Do you want to make a rocket?
Come on, Robin!
Huh?
BIP BIP BIP
Do you want to play basketball?
BIP BIP BIP

– Hé, Robin ! Tu veux jouer de la guitare ?
– Hein ?

– Veux-tu faire une fusée ? – Hein ?
– Allez, Robin !

– Tu veux jouer au basket ?

Hey, Robin!
Do you want to have a waterfight?
PFFT
Hiii
NO!
BIP BIP BIP
What are you doing?
I'm playing video games.
BIP BIP BIP
Can I play too?
NO!
BIP BIP BIP

– Hé, Robin ! Tu veux faire une bataille d'eau ?
– Non !

– Qu'est-ce que tu fais ?
– Je joue aux jeux vidéo.

– Je peux jouer, moi aussi ?

BIP BIP BIP
In the summer holidays,
I watched my cousin Robin
play video games...
It was fun!

"Pendant mes vacances d'été, j'ai regardé mon cousin Robin jouer aux jeux vidéo. C'était amusant !"

KEVIN and KATE Kevin's lunchbox

Le pique-nique de Kevin

Hello, Lucy! Come and play.
I'm coming, Kevin!
Hey, Kate. Here's my lunchbox.
Huh?

– Bonjour Lucy ! Viens jouer ! Je viens, Kevin !

– Hé, Kate. C'est mon pique-nique.

I've got a cheese sandwich.
Mmm. Cheese.
Yummy! A cheese sandwich. My lunch is horrible!
It's not fair. I want to play too.
BOING
Oh, look. An acorn.

– J'ai un sandwich au fromage.
– Miam, du fromage.

– Miam ! Un sandwich au fromage. Mon déjeuner est dégoûtant !

– Ce n'est pas juste. Je veux jouer aussi.

– Oh, tiens. Un gland.

Cool.
There are lots of acorns.
My pockets are too small.
What can I do?

– Cool. Il y a plein de glands.

– Mes poches sont trop petites.

– Que faire ?

Yippee!
I'm the champion!
I'm hungry!
Let's eat lunch.
Yes.
I want to eat my cheese sandwich.
?
!
– Youpi ! Je suis le champion ! – J'ai faim ! Allons déjeuner. – Oui. Je veux manger mon sandwich au fromage.

Yummy! I want
your cheese sandwich!
Oh, no!
Marcus!
It's MY lunchbox!
I love cheese
sandwiches. Hahaha!
It's MY
sandwich!
What's that?!
Acorns?!
– Miam ! Je veux ton sandwich au fromage ! – Oh non !
– Marcus ! C'est MON pique-nique !
– J'adore les sandwichs au fromage.
– C'est MON sandwich !
– C'est quoi ?! Des glands ?!

Kevin! You're strange.
You eat acorns?
You're a squirrel.
!?
But... but... but, where's my sandwich?
CHEESE!!!
I've got your
sandwich,
Kevin!
– Kevin ! Tu es bizarre. Tu manges des glands ? Tu es un écureuil. – Mais... mais, où est mon sandwich ? – C'est moi qui ai ton sandwich, Kevin !

acorn
gland

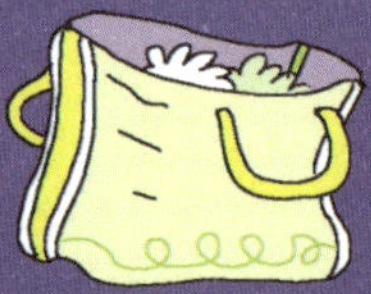

bag
sac

boots
bottes

chocolate cake
gâteau au chocolat

cheese
fromage

children
enfants

dinner
dîner

frog
grenouille

gloves
gants

squirrel
écureuil

lunchbox
pique-nique

to draw
dessiner

sick
malade

to go cycling
aller faire du vélo

spinach
épinards

to go swimming
aller nager

KEVIN and KATE

Halloween trick or treat

Halloween : des bonbons ou un sort

Look at that house, Kate. Let's knock on the door.
Hurray! I love Halloween.
Ha ha ha!
KNOCK! KNOCK! KNOCK!

– Regarde cette maison, Kate. Frappons à la porte.

– Hourra ! J'adore Halloween.

Oh, look. A witch, a skeleton and a spider!
TRICK OR TREAT!
Woof...
Oh, no! I'm scared.

– Oh, tiens. Une sorcière, un squelette et une araignée !

– Des bonbons ou un sort !

– Oh, non ! J'ai peur.

Here are some sweets, children.
Yes!
Quick. Put the sweets in the bag.
Ha ha ha!
Yum, yum!
Thank you!
Happy Halloween, children!

– Voici quelques bonbons, les enfants.
– Oui !

– Vite. Mets les bonbons dans le sac.
– Miam miam !

– Merci ! – Joyeux Halloween, les enfants !

Look at all the sweets.
We've got chocolates, too.
I love chocolates.
I'll take the bag. We can share the sweets later.
!

– Regardez tous ces bonbons. – On a des chocolats, aussi. – J'aime les chocolats. – Je prends le sac. Nous pouvons partager les bonbons plus tard.

No. I want the bag.
OK. But be careful.
CRACK
Let's go to another house.

– Non. Je veux le sac. – OK. Mais fais attention. – Allons à une autre maison.

Yum yum!
Oh, no! Look at the bag.
Woof...
Where are the sweets?
Where is Hurricane?
Oh, no. Hurricane.
He's eaten ALL the sweets.
Woof!

– Miam miam ! – Oh, non ! Regardez le sac. – Où sont les bonbons ? – Où est Hurricane ? – Oh, non. Hurricane. – Il a mangé TOUS les bonbons.

KEVIN and KATE Merry Christmas!

Joyeux Noël !

Yum. I love mince pies!
Hurray! Let's pull the crackers.

– Miam. J'aime les tartelettes aux fruits secs !

– Hourra ! Tirons sur les crackers.

Everybody pull the crackers!

– Tout le monde tire sur les crackers !

Hurray!
BANG
BANG!

– Hourra !

Look grandma. I'm Queen Kate.

– Regarde Mamie. Je suis la reine Kate.

Listen to this tongue twister. "The big fat cat sat on the rat."
That's easy! Listen: "The big fat fat sat on the fat."

– Écoutez ce virelangue : "le gros gras chat était assis sur le rat."

– C'est facile ! Écoutez : "le gros gras gras était assis sur le gras."

Uncle Jo, you try.
OK.
The big fat fat... Aargh! The big... fat... cat... sat... on... the... rat!
That's too slow. Ha ha ha!
Listen to this riddle: "What has 34 legs, 9 heads and 2 arms?"

– Oncle Jo, essaie.
– OK.

– Le gros gras gras... Argh ! Le gros... gras... chat... était assis... sur... le... rat ! – C'est trop lent. Ha ha ha !

– Écoute la devinette : "Qu'est-ce qui a 34 jambes, 9 têtes et 2 bras ?"

It's Kevin when he's scared.
Ha ha!
It's not funny.
I know. It's a monster from planet X.

– C'est Kevin quand il a peur. – Ce n'est pas drôle.

– Je sais. C'est un monstre de la planète X.

Ah ha ha!
Ha ha. I know.
Merry Christmas, ho, ho, ho!

– Ha ha ha ! – Ha ha. Je sais. – JOYEUX NOËL, ho ho ho !

KEVIN and KATE

Kevin and the flying hamster

Kevin et le hamster volant

Look, Mum. Bruce is a flying hamster!
Squeak!

– Regarde, maman. Bruce est un hamster volant !

Kevin! What's this mess?
VROOM!
Squeak!

– Kevin ! C'est quoi, ce bazar ?

Kevin! Tidy your bedroom. Now!
But Mum, I'm playing with Bruce.

– Kevin, range ta chambre. Tout de suite !
– Mais maman, je joue avec Bruce.

No. Tidy your bedroom.
Hmm.

– Non, range ta chambre.

Bruce. Stay here. You can fly later.

– Bruce. Reste ici. Tu pourras voler plus tard.

I can put my books ...

– Je peux mettre mes livres…

... under the bed.

– … sous le lit.

I can put my toys ...
Squeak!

– Je peux mettre mes jouets…

... on my bookshelf.

– ... *sur mon étagère.*

I can put my clothes in my drawer ...
Squeak!

– *Je peux mettre mes habits dans mon tiroir...*

... and my pens and pencils behind the door.

– ... *et mes stylos et mes crayons derrière la porte.*

Mummy. Look. My bedroom is tidy.
Squeak!
That's quick!

– *Maman. Regarde. Ma chambre est rangée.*
– *C'est rapide !*

Oh, no. Bruce!
Squeak!

– *Oh, non. Bruce !*

Excellent Bruce! You can fly!

– *Génial, Bruce ! Tu peux voler !*

Well done Bruce. Now Kevin, tidy your bedroom. Properly!
Squeak!

– *Bravo Bruce. Maintenant Kevin, range ta chambre. Correctement !*

KEVIN and KATE

Kevin and Kate's snowman

Le bonhomme de neige de Kevin et Kate

Excellent!
It's snowing!
Come on Kate.
Let's make
a snowman.
OK. I can make
the head
and you can make
the body.
PFF!

– *Super ! Il neige !* – *Viens, Kate. Faisons un bonhomme de neige.* – *OK. Je peux faire la tête et tu peux faire le corps.*

Oh! It's very heavy.
Put his head
on top.
It's
heavy too.
Get a carrot
for his nose.

– *Oh ! C'est très lourd.* – *Mets sa tête dessus.* – *Elle est lourde aussi.* – *Va chercher une carotte pour son nez.*

WOW.
He's great.
But he's
cold.
Cold?
He's not
cold.

– *Waouh ! Il est super.* – *Mais il a froid.* – *Froid ? Il n'a pas froid.*

Look! I've got a hat for his head.
And a scarf for his neck.
Cool.
And a coat for his body.
Hee hee.

– Regarde ! J'ai un chapeau pour sa tête. – Et une écharpe pour son cou. – Cool. – Et un manteau pour son corps.
– Hi hi !

And gloves! Gloves for his hands.
Here they are.
And boots for his feet.
Here they are.
He's perfect.
Ha ha. He's not a snowman. He's Kevin the snowman.

– Et des gants ! Des gants pour ses mains.
– Les voici.
– Et des bottes pour ses pieds.
– Les voici.
– Il est parfait. – Ha ha ! Ce n'est pas UN bonhomme de neige. C'est Kevin le bonhomme de neige.

Brr. I'm ... I'm ... c- c- c-cold!
Kevin. You're blue!
Yes. I'm f- f- f-freezing.
Quick. Let's go home. You're Kevin the snowman.
He he.
Woof.

– Brr. J'ai… f- f- f- froid ! – Kevin. Tu es bleu ! – Oui. Je g- g- g- gèle. – Vite, rentrons à la maison. Tu es Kevin le bonhomme de neige.

arms
bras

body
corps

crackers
crackers

door
porte

to fly
voler

head
tête

legs
jambes

mess
désordre

mince pie
tartelette aux fruits secs

skeleton
squelette

snowman
bonhomme de neige

spider
araignée

to tidy
ranger

witch
sorcière

BRRRR
BRRRR